아시아와 아프리카 나라들이
유럽 나라들의 지배를 받던 때가 있었어.
하지만 나라를 되찾으려는 사람들의 노력은 끊이지 않았지.
새롭게 출발하는 아시아와 아프리카로 가 보자.

나의 첫 세계사 19

다시 일어서는
아시아와 아프리카

박혜정 글 | 이유나 그림

지금으로부터 100년 전쯤 인도에 **마하트마 간디**라는 사람이 살았어.
간디는 옛날 사람이지만 지금도 인도에 가면 자주 볼 수 있지.
인도 사람들이 사용하는 모든 지폐에 간디의 얼굴이 그려져 있거든.
간디가 태어난 10월 2일은 인도의 중요한 기념일이기도 해.
그만큼 인도 사람들에게 큰 존경을 받는 인물이야.

간디가 살던 때에 인도는 영국의 지배를 받고 있었어.
영국이 '대영 제국'이라고 불리던 때였지.
영국의 식민지는 세계 곳곳에 퍼져 있었고,
그중에 인도도 있었던 거야.
영국으로부터 독립하고 싶었던 인도 사람들의 뜻을
하나로 모은 사람이 바로 간디였어.
간디를 만나러 인도에 가 보자.

인도는 땅덩이도 크고, 향신료나 면화 같은 신기한 물건이 많은 나라였어.
유럽 나라들은 인도를 두고 경쟁을 벌였고,
영국과 프랑스 사이에는 싸움이 일어나기도 했지.
프랑스를 이긴 영국이 인도에서 점점 더 힘을 키워 나가게 되었어.

인도 사람들이라고 가만히 있기만 했던 건 아니야.
영국에 저항하며 맞서 싸운 사람들도 있었는데,
특히 '세포이'라 불리던 인도 군인들이 크게 들고일어났어.
여기에 많은 인도 사람들이 함께 힘을 보태면서
세포이가 일으킨 싸움은 걷잡을 수 없는 불길처럼 타올랐지.
영국 군인들은 성능 좋은 대포와 총으로 인도인들을 공격했고,
얼마 뒤에 영국은 인도를 완전히 지배하게 되었어.

인도는 영국의 식민지가 되었어.

영국 사람들은 인도에서 철도와 회사를 만들었지.

영국 군인들은 인도에 사는 영국인들의 생명과 재산을 지켰어.

영국 상인들은 인도의 향신료와 면화 같은 것들을 값싸게 사들였고,

자기네 나라의 공장에서 만든 물건들을 인도에 내다 팔았어.

인도의 호랑이를 잡아들이거나 귀한 보석을 가져가기도 했지.

인도 사람들은 영국 정부에 많은 세금을 내야 했어.

인도에서 큰소리치며 당당하게 사는 사람들은

인도 사람들이 아니라 영국 사람들이었지.

간디가 태어났을 때의 인도는 이런 모습이었어.
사실 간디는 영국에 가서 공부도 하고 변호사가 되면서
인도가 영국의 도움을 받는 것도 괜찮다고 생각했어.
하지만 인도 사람들이 이곳저곳에서 차별받는 걸 지켜보며 생각을 바꾸었지.

"인도가 영국의 식민지로 남아 있는 동안에는 차별이 계속될 거야.
인도가 독립을 이루어야 인도 사람들이 당당해질 수 있어!"

쾅! 쾅! 우르르 쾅!
그 무렵에 제1차 세계 대전이라는 큰 전쟁이 일어났어.
영국과 프랑스 같은 나라들이 한편이 되었고,
독일과 오스트리아 같은 나라들이 한편이 되어서 크게 부딪쳤던 거야.
식민지를 더 많이 늘리고 싶었던 나라들 사이에 벌어진 전쟁이었지.

전쟁이 시작되자 영국은 인도 사람들에게 도움을 구했어.

"영국의 편이 되어 전쟁에 참여해 주시오.
영국이 승리한다면 인도를 꼭 독립시켜 주겠소."

그 약속을 믿은 인도 사람들은 정말로 영국을 위해서 전쟁터로 나갔어.
간디도 인도 사람들에게 간절히 이야기했어.

"영국의 편에 서서 최선을 다해 싸웁시다.
영국이 승리할 수 있도록 도와주고 인도의 독립을 꼭 얻어 냅시다!"

영국은 제1차 세계 대전에서 승리했어.

그렇다면 인도 사람들과의 약속을 지켰을까?

아니, 영국은 약속을 지키지 않았어.

오히려 더 엄격한 법을 만들어서 인도 사람들을 꼼짝 못 하게 했지.

배신감을 느낀 인도 사람들은 영국에 맞서 큰 시위를 벌였어.

영국 군인들은 인도 사람들을 향해서 또 총을 쏘았지. 맙소사!

간디가 다시 앞장섰어.

"힘을 합쳐 영국에 저항합시다.
영국 정부가 벌이는 어떤 행사에도 참여하지 말고,
영국 공장에서 만든 제품을 사용하지 맙시다.
정부가 만든 학교에 아이들을 보내지 말고,
나라에 세금도 내지 맙시다!"

간디는 똑같이 총을 들고 맞서 싸우는 게 아니라
조용하지만 꿋꿋하게 영국에 맞섰던 거야.
많은 인도 사람들이 간디를 따랐지.

간디는 물레를 돌려서 실을 뽑았어. 그 실로 소박한 옷을 지어 입었지.
아주아주 먼 옛날, 할머니의 할아버지, 또 그 할아버지의 할머니 때부터
인도 사람들이 실을 뽑고 옷감을 지어 온 방법으로 옷을 만들어 입었던 거야.
간디를 보면서 인도 사람들은 영국의 지배를 받는 동안 잃어버렸던
인도의 전통을 떠올릴 수 있었지.

간디는 소금 행진을 벌이기도 했어. 소금 행진이라고?
영국은 인도에서 '소금법'을 만들었거든. 소금법은 이런 내용이야.

> 소금은 영국의 공장에서만 만들 수 있다.
> 인도 사람들이 스스로 소금을 만들어서는 안 된다.
> 인도인들은 영국의 공장에서 만든 소금만 사야 하고,
> 소금에 매겨진 세금을 군소리 없이 내야 한다.

간디는 소금법을 지키지 않고 직접 소금을 구하기 위해 바닷가로 향했어.

간디가 처음 길을 떠났을 때 간디 곁에는 78명의 사람이 있었어.

하루하루 행진이 계속될 때마다 간디와 함께하는 사람들도 조금씩 늘어났지.

3주일 정도의 시간이 흘러서 인도 서쪽 바닷가 마을에 도착했을 무렵에는

수만 명의 사람이 간디를 따르고 있었대.

간디처럼 흰옷을 입은 사람들이 큰 강을 이루는 것 같다고 해서

소금 행진은 '흐르는 흰 강물'이라고 불렸어.

인도 서쪽 바닷가 마을에 도착한 간디는 주전자에 바닷물을 담았어.

바닷물이 모두 증발하고 나자 주전자에는 소금만 남았지.

영국이 정한 소금법을 어기고 간디가 직접 소금을 만들었던 거야.

경찰은 간디를 체포하려 했고, 사람들은 경찰을 막아 내며 몸싸움을 벌였어.

이런 간디의 모습이 신문과 뉴스를 통해 전 세계로 전해졌지.

영국의 억지와 폭력이 하나둘 알려지면서

결국 영국 정부는 소금법을 없앨 수밖에 없었어.

우르르 쾅쾅쾅! 또 전쟁이 벌어졌어. 이번에는 제2차 세계 대전이야.

독일과 이탈리아, 일본이 손을 잡고 세계 곳곳에서 전쟁을 일으켰지.

영국은 이 나라들과 싸우면서 인도 사람들에게 또 도와 달라고 했어.

하지만 인도 사람들은 영국을 돕지 않았고,

오히려 영국과 관련된 것들을 부수고 태우면서 영국에 맞섰지.

영국도 더는 인도를 지배할 수 없다는 걸 깨달았어.

제2차 세계 대전이 끝나면서 인도는 영국으로부터 독립하게 되었지.

독립을 맞이한 인도에 기쁜 일만 있었던 건 아니야.

인도가 두 개의 나라로 나뉘고 말았거든. 인도와 파키스탄이 그 두 나라야.

인도에는 힌두교를 믿는 사람들이 남았고,

파키스탄에는 이슬람교를 믿는 사람들이 모여들었어.

맞아, 종교 때문에 나라가 둘로 나뉘었던 거지.

간디는 인도가 둘로 나뉘는 것에 끝까지 반대했어.
원래부터 인도는 다양한 종교를 믿는 사람들이 어우러져 사는 나라였거든.
하지만 이 무렵에는 간디처럼 생각하는 사람이 적었어.

"간디는 이슬람교 사람들에게 너무 너그러워!"
이런 생각을 갖고 있던 어떤 힌두교 사람이 간디에게 총을 쏘았지 뭐야.
간디는 그 총에 맞아서 죽고 말았어.

간디가 걱정했던 대로 인도와 파키스탄은 사이가 좋지 않아 부딪칠 때가 많았어.
특히 인도와 파키스탄 사이에 있는 '카슈미르'라는 지역을 두고
두 나라 사이에 전쟁이 몇 차례 벌어지기도 했지.
카슈미르의 지도자는 힌두교를 믿었고,
카슈미르에 사는 사람들은 주로 이슬람교를 믿었거든.
인도와 파키스탄은 서로 카슈미르를 양보할 수 없다면서 전쟁을 벌였던 거야.

인도가 영국으로부터 독립할 무렵, 베트남은 프랑스와 전쟁을 벌여야 했어.

베트남은 인도차이나반도에 있는 나라야.

'인도차이나'는 인도(India)와 중국(China) 사이에 있어서 붙은 이름이래.

베트남 말고도 라오스, 캄보디아 같은 나라가 이 반도에 있었는데, 프랑스가 이런 나라들을 식민지로 삼아 지배하고 있었지.

베트남의 독립 운동을 이끌었던 사람은 **호찌민**이야.
호찌민은 제2차 세계 대전이 끝나자 독립을 선언하며
'베트남 민주 공화국'을 세웠어.
하지만 프랑스는 베트남을 계속 자기네 식민지로 두고 싶었지.
프랑스가 베트남에 군대를 보내면서 전쟁이 시작되었어.
무기나 군대는 프랑스가 훨씬 셌지만, 산속이나 정글로 숨어들며
끝까지 싸우기로 마음먹은 베트남 사람들은 무서울 게 없었지.

호찌민이 이끈 베트남군이 결국 프랑스를 베트남에서 몰아냈어.
베트남은 프랑스를 쫓아내고 독립했지만, 좋은 일만 계속되지는 않았지.
그다음에는 미국과 전쟁을 벌여야 했거든.
호찌민은 이 전쟁에서도 베트남 사람들을 이끌다가
전쟁 중에 죽고 말았어. 하지만 베트남 사람들은 끝까지 싸웠지.
세계 최강의 무기를 자랑하던 미국도
베트남에서 물러날 수밖에 없었어.

호찌민은 '호 아저씨'라고 불리면서 지금까지도
베트남 사람들에게 많은 사랑과 존경을 받고 있어.
베트남의 모든 지폐에도 호찌민의 얼굴이 그려져 있지.
인도의 간디가 그런 것처럼 말이야.
베트남 남쪽에는 호찌민이라는 이름이 붙은 큰 도시도 있어.

이 무렵 베트남 말고 프랑스와 전쟁을 벌인 나라가 또 있었어.
바로 아프리카에 있는 알제리야.
프랑스에서 지중해를 건너면 알제리에 갈 수 있지.
유럽 대륙과 아프리카 대륙은
지중해를 두고 서로 마주 보고 있거든.

시끌시끌, 유럽의 상인들이 아프리카에서 돈이 될 만한 것들을 사들였어.

저벅저벅, 유럽의 군인과 탐험가는 아프리카 구석구석을 누비고 다녔지.

유럽 사람들은 아프리카 사람들을 얕보았고,

아프리카 땅을 조각내서 나누어 가졌어.

프랑스 사람들은 알제리를 식민지로 만들었지.

알제리는 백 년이 넘는 긴 시간 동안 프랑스의 지배를 받게 되었어.

세계 대전이 두 차례 벌어졌을 때 프랑스도 전쟁에 참여했어.
알제리 사람들도 프랑스와 같은 편이 되어 전쟁터에 나갔지.

"프랑스가 이기면 알제리도 독립할 수 있을 거야."
"프랑스를 위해 싸운 알제리 사람들에게도 프랑스 사람들과 같은 권리를 주겠지."

이렇게 생각하는 알제리 사람들이 있었거든.

하지만 알제리 사람들의 바람은 이루어지지 않았어.

"알제리 사람들은 아프리카 사람이고 피부색도 달라. 차별받는 건 어쩔 수 없지."
"알제리는 오랜 시간 프랑스의 식민지였어. 둘은 다른 나라가 아니야!"

이렇게 생각하는 프랑스 사람들이 많았던 거야.

베트남이 프랑스로부터 독립했다는 소식은 알제리에도 전해졌어.
프랑스로부터 독립하려는 알제리 사람들의 마음이 더 단단해졌지.
결국 알제리와 프랑스 사이에도 전쟁이 벌어졌고,
프랑스는 베트남에서 그랬던 것처럼 많은 군대를 알제리로 보냈어.
80만 명이 넘는 프랑스 군대가 알제리로 와서 사람들을 향해 총을 쏘았고,
알제리 사람들을 잡아서 감옥에 가두거나 못살게 굴었지.

전쟁은 8년이나 계속되면서 많은 사람이 죽고 다쳤어.
알제리 사람들은 포기하지 않고 끝까지 프랑스에 맞섰지.
서로에게 나쁜 감정이 쌓일 대로 쌓이고, 상처가 커질 대로 커진 후에야
전쟁은 끝이 났어. 마침내 알제리 사람들이 독립을 맞이하게 된 거야.

아프리카 사람들이 춤을 춰.
알제리 말고도 가나, 나이지리아, 콩고, 케냐 같은
많은 아프리카 나라가 독립을 얻어 냈지.
아프리카 사람들을 노예로 만들어 사고팔고,
아프리카의 귀한 자원들을 마구잡이로 빼앗아 가던
유럽 나라들로부터 드디어 벗어나게 된 거야.

하지만 슬픈 일도 함께 찾아왔어. 유럽 사람들이 아프리카 땅에 제멋대로 그어 놓은 반듯반듯한 국경선 때문에 많은 다툼이 벌어졌지. 같은 부족이 다른 나라로 갈리기도 하고, 사이가 나쁜 부족이 같은 나라가 되기도 했거든. 아프리카 나라들은 석유나 천연가스 같은 자원을 누가 가질 것인지를 두고도 다투었지. 식민지에서 벗어났다고 모든 문제가 해결된 건 아니었어.

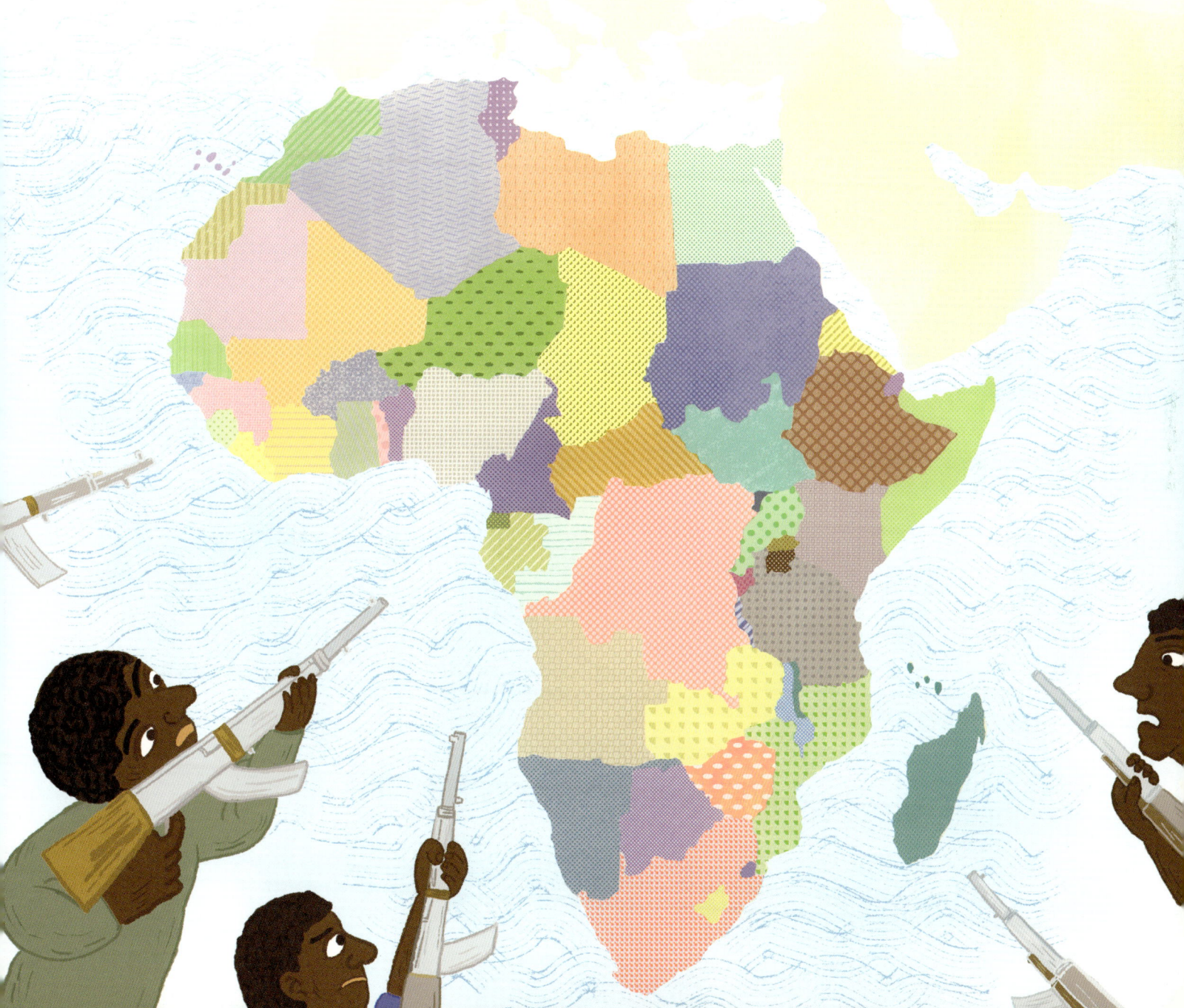

남아프리카 공화국은 아프리카에서 가장 남쪽에 있는 나라야.
다이아몬드와 금이 많이 나기로 유명한 이곳을
일찍부터 네덜란드나 영국 사람들이 차지하고 있었지.

남아프리카 공화국에서 살게 된 백인들은
피부색이 다른 흑인들과 함께 어울려 살 수 없다고 생각했어.
그래서 백인과 흑인이 사는 곳을 완전히 나누어 놓았고,
다닐 수 있는 병원이나 학교도 따로 만들었어.
버스나 화장실도 백인과 흑인이 같은 곳을 사용할 수 없었지.
적은 수의 백인들은 아주 넓은 땅에서 여유롭게 살았고,
많은 수의 흑인들은 아주 좁은 곳에서 갑갑하게 살아야 했어.

남아프리카 공화국의 흑인들은 차별에서 벗어나고 싶었어.

자기들이 나고 자란 땅에서 평등하고 자유롭게 살고 싶었지.

흑인들의 시위는 끊이지 않았고, 많은 흑인이 다치거나 죽는 일도 자주 벌어졌어.

변호사였던 **넬슨 만델라**는 인권 운동에 앞장서며 흑인들을 위해 싸웠어.

그러자 남아프리카 공화국 정부는 넬슨 만델라를 감옥에 가두어 버렸어.
무려 27년이나 감옥 안에 갇혀 있는 동안
넬슨 만델라는 시위를 벌이는 흑인들에게 희망을 전하는 편지를 쓰고,
세계 여러 나라의 지도자들에게도 편지를 썼어.
남아프리카 공화국의 인종 차별 문제를 널리 알렸던 거야.

"흑인들을 차별하는 정책을 없애시오.
그 전까지는 남아프리카 공화국과 어떤 관계도 맺지 않겠소."

세계 여러 나라와 국제 연합은 남아프리카 공화국을 강하게 밀어붙였어.
남아프리카 공화국의 대통령은 이런저런 방법을 찾다가,
감옥에 있는 넬슨 만델라를 만나러 갔지.
이때까지 등 돌리고 지내던 사람들 사이에 많은 대화가 오고 갔어.
백인과 흑인이 화해할 수 있는 방법을 함께 찾아 나갔지.
제일 먼저 인종 차별 정책을 없애기로 했어.
흑인들에게도 평등한 투표권을 주었고, 넬슨 만델라는 감옥에서 풀려났지.

마침내 백인과 흑인이 공평하게 투표하는 대통령 선거가 열렸어.
선거에 나온 넬슨 만델라가 남아프리카 공화국의 대통령으로 뽑혔지.
자유를 되찾은 아프리카 사람들의 함성이 멀리멀리 퍼져 나갔어.

나의 첫 역사 여행

아프리카와 아시아에 남겨진 프랑스의 흔적

베트남 호찌민·하노이

베트남의 남부 도시 사이공에 노트르담 대성당이 지어진 것은 1880년이야.

베트남이 프랑스의 식민 지배를 받고 있던 때였지.

사이공이라는 도시 이름은 1975년에 호찌민으로 바뀌게 돼.

맞아, 베트남의 독립운동가이자 두 차례의 전쟁을 이끈 호찌민의 이름에서 따온 거야.

호찌민 전쟁 박물관에 가면 베트남 사람들이 겪은 잔혹한 전쟁의 모습을 볼 수 있어.

베트남의 수도인 하노이에도 프랑스 건축가가 지은 성당이 있어.

하노이의 성 요셉 대성당도 베트남이 프랑스의 지배를 받던 1886년에 지어졌지.

이 성당의 모습은 프랑스 파리에 있는 노트르담 대성당과 무척 닮았어.

| 호찌민 노트르담 대성당 | 하노이에 위치한 성 요셉 대성당 |

알제리 알제

알제리는 아프리카에서 가장 큰 나라야.
북쪽은 지중해와 만나고, 남쪽에는 사하라 사막이 있지.
알제리의 수도는 알제야. 1830년, 알제리를 쳐들어온
프랑스군은 가장 먼저 알제를 점령했지만
알제리 전체를 식민지로 만들기까지는 17년이 걸렸어.
알제에는 노트르담 다프리크 대성당이 있어.
알제리 사람들은 대부분 이슬람교를 믿었는데,
프랑스가 가톨릭을 전파하기 위해 성당을 지었던 거야.
1897년부터 3년에 걸쳐 지어진 노트르담 다프리크 대성당은
프랑스의 알제리 지배를 상징하는 건축물이란다.

노트르담 다프리크 대성당

튀니지 튀니스

알제리 동쪽에 위치한 아프리카의 튀니지도
프랑스의 식민지였어. 튀니지의 수도 튀니스에도
프랑스가 1892년에 지은 세인트 루이스 대성당이 있지.
하지만 튀니지에는 그보다 멋진 문화 유적들이 아주 많아.
고대 로마 제국 시기에 만들어진 엘젬 원형 경기장이나
세계 문화유산으로 지정된 이슬람 사원들이 유명하지.
프랑스가 지배하던 나라들에는 저마다 긴 역사와 전통이 있었어.
프랑스는 성당 같은 건축물을 지어서 자신들의 종교와 문화를
전파하며 오래오래 지배하고 싶었겠지만, 그런 시대는 모두 지나갔지.

세인트 루이스 대성당

엘젬 원형 경기장

나의 첫 역사 클릭!

인도차이나 전쟁

제2차 세계 대전을 일으킨 독일은 순식간에 유럽 대부분을 차지하고
곧 프랑스까지 점령하게 되었어. 유럽이 독일의 손아귀에 들어가고 있던 그 무렵,
아시아에서는 일본이 위세를 떨치고 있었지. 일본은 프랑스의 식민지였던
베트남을 비롯한 아시아의 여러 나라를 차지해 나갔어.
그러다가 히틀러가 죽으면서 독일이 항복했고, 일본에서 원자 폭탄이 터지면서
일본도 항복을 하게 돼. 그렇게 제2차 세계 대전이 끝났지.
전쟁이 끝나자 베트남 사람들은 새로운 나라를 세울 준비를 시작했고,
그 중심에 있던 호찌민이 '베트남 민주 공화국'을 세웠어.
베트남에서 순순히 물러날 생각이 없었던 프랑스가 베트남에 군대를 보내면서
결국 전쟁이 벌어졌지. 이 전쟁을 제1차 인도차이나 전쟁(1946년~1954년)이라고 불러.
하지만 프랑스는 독립을 향한 베트남 사람들의 의지를 끝내 꺾을 수 없었어.
베트남은 디엔비엔푸 전투에서 결정적인 승리를 거두면서
비로소 프랑스를 몰아내고 독립을 맞이하게 되었지.

디엔비엔푸 전투에서 희생된 베트남 병사들의 공동묘지

하지만 베트남은 곧 남과 북으로 나뉘게 되었어.

남쪽에는 자본주의 국가가, 북쪽에는 사회주의 국가가 들어서게 된 거야.

북베트남은 호찌민이 다스리며 소련이나 중국과 좋은 관계를 맺어 나갔어.

남베트남은 여전히 혼란스러웠지. 남베트남까지 사회주의 국가가 될까 봐 걱정하던

미국은 남베트남을 지원하기로 해. 그러다가 결국 북베트남과도 전쟁을 벌였지.

이 전쟁을 제2차 인도차이나 전쟁(1965년~1975년) 또는 베트남 전쟁이라고 불러.

미국의 요청으로 한국의 군인들이 이 전쟁에 참여하기도 했지.

이에 맞선 북베트남은 소련과 중국으로부터 도움을 받았어.

베트남 전쟁 당시 고엽제를 뿌리는 미군의 헬리콥터

1971년 미국 워싱턴 D.C.에서 열린 베트남 전쟁 반대 시위

미국이 베트남에 떨어뜨린 포탄의 수는 제2차 세계 대전 때보다 3배가 넘었대.

하지만 전쟁은 미국의 뜻대로 흘러가지 않았어. 전쟁이 길어지고 피해는 늘어났지.

미국 시민들이 전쟁에 반대하는 목소리를 높이기도 했어.

결국 미군은 베트남에서 물러나기로 결정했고,

베트남에서는 1976년에 베트남 사회주의 공화국이 세워졌지.

전쟁은 많은 상처를 남겼어. 베트남의 밀림을 없애겠다며 미국이 항공기로 뿌린

고엽제라는 독성 물질은 베트남의 땅과 사람들에게 큰 피해를 주었지.

글 박혜정

성균관대학교 역사교육과에서 공부했습니다. 중학교에서 역사를 가르치며 학생들과 세계사의 재미를 나누고 있습니다. 두 아이의 엄마로, 아이를 무릎에 앉혀 놓고 그림책을 읽어 주던 때가 인생에서 빛나던 시절 중 하나라 여기고 있습니다.

그림 이유나

대학에서 그림을 공부하고 지금은 두 아이의 엄마가 되어 그림책에 그림을 그리고 있습니다. 앞으로도 아이들과 공감하는 멋진 그림을 그리고 싶습니다. 그린 책으로 《잘못된 게임》, 《1948년 분이의 약속》, 《빡빡머리 천백지용》, 《슈퍼 능력 강아지》, 《공슬기의 슬기로운 플라스틱 생활》, 《마음의 힘을 키우는 어린이 자존감》 등이 있습니다.

나의 첫 세계사 19 — 다시 일어서는 아시아와 아프리카

1판 1쇄 발행일 2024년 1월 15일

글 박혜정 | **그림** 이유나 | **발행인** 김학원 | **편집** 박현혜 | **디자인** 박인규
저자·독자 서비스 humanist@humanistbooks.com | **용지** 화인페이퍼 | **인쇄** 삼조인쇄 | **제본** 다인바인텍
발행처 휴먼어린이 | **출판등록** 제313-2006-000161호(2006년 7월 31일) | **주소** (03991) 서울시 마포구 동교로23길 76(연남동)
전화 02-335-4422 | **팩스** 02-334-3427 | **홈페이지** www.humanistbooks.com
사진 출처 베트남 전쟁 반대 시위 ⓒ Leena A. Krohn / Wikimedia Commons / CC BY-SA 3.0

글 ⓒ 박혜정, 2024 그림 ⓒ 이유나, 2024
ISBN 978-89-6591-543-0 74900
ISBN 978-89-6591-460-0 74900(세트)

- 이 책은 저작권법에 따라 보호받는 저작물이므로 무단 전재와 무단 복제를 금합니다.
- 이 책의 전부 또는 일부를 이용하려면 반드시 저작권자와 휴먼어린이 출판사의 동의를 받아야 합니다.
- **사용연령 6세 이상** 종이에 베이거나 긁히지 않도록 조심하세요. 책 모서리가 날카로우니 던지거나 떨어뜨리지 마세요.